满腹经纶

牧村 著

三环出版社
SANHUAN PUBLISHING HOUSE

图书在版编目（CIP）数据

满腹经纶 / 牧村著 . -- 海口 : 三环出版社（海南）有限公司 , 2025. 8. -- ISBN 978-7-80773-739-1

Ⅰ . H019-49

中国国家版本馆 CIP 数据核字第 2025NF1644 号

满腹经纶

MANFU JINGLUN

著　　者	牧　村
责任编辑	张华华
责任校对	付晓聪
责任印制	万　明
出版发行	三环出版社（海口市金盘开发区建设三横路 2 号） 邮　　编　570216　　邮　　箱　sanhuanbook@163.com
出 品 人	张秋林
印刷装订	天津鸿彬印刷有限公司
书　　号	ISBN 978-7-80773-739-1
印　　张	9
字　　数	110 千字
版　　次	2025 年 8 月第 1 版
印　　次	2025 年 8 月第 1 次印刷
开　　本	710 mm × 1 000 mm　　1/16
定　　价	38.00 元

联系电话：0898-68602853　0791-86789350

前言

PREFACE

雅言泛指文雅的语言，体现着文化修养与礼仪规范，是文明交流中庄重雅致的语言形态。从钟鼎的庄严祷祝，到驿亭折柳的依依惜别，那些凝练的辞章，既是智慧的结晶，更是情感共鸣的载体。当白话浪潮席卷现代生活，这些雅言正以独特方式与当代话语体系产生化学反应。

当思念翻涌，我们不说“我想你”，而道“玲珑骰子安红豆，入骨相思知不知”；

遇知音难觅，不说“无人懂我”，却叹息“举世皆浊我独清，众人皆醉我独醒”；

见晚霞绚烂，不只说“真美”，更有“落霞与孤鹜齐飞，秋水共长天一色”；

赞君子风仪，不说“太帅了”，而谓“如切如磋，如琢如磨”；

…………

这些雅言以含蓄中见锋芒、典雅里藏真意的特质，将日常话语升华为富有诗意、凝练的语言。

雅言代替俗语，绝非对俗语的摒弃，而是一种语言层次的升华与丰富。俗语扎根于生活，生动活泼、通俗易懂，有着极强的生命力和感染力；而雅言则蕴含着一定的文化底蕴和艺术价值，它能让我们跳出日常表达的局限，以更优雅、更富内涵的方式传递心意，使交流不再停留于表面，从而唤醒人们对中华文化的记忆与热爱，增强民族文化的认同感和归属感，让语言成为传承文明、沟通心灵的桥梁。

目录

CONTENTS

哲思·天道酬勤

俗语：坚守本心，不为外求。

雅言：草木有本心，何求美人折。

俗语：物极必反。

雅言：日中则昃，月盈则食。

俗语：勤奋学习。

雅言：三更灯火五更鸡，正是男儿读书时。

俗语：以柔克刚。

雅言：天下之至柔，驰骋天下之至坚。

俗语：向死而生。

雅言：生者为过客，死者为归人。

俗语：勤劳致富，读书明理。

雅言：富贵必从勤苦得，男儿须读五车书。

俗语：勤能补拙。

雅言：拙者能勉，与巧者同功也。

俗语：笨鸟先飞。

雅言：笨鸟先飞早入林，笨人勤学早成材。

俗语：失去了才知道珍贵。

雅言：此情可待成追忆，只是当时已惘然。

俗语：老来随心，景勿扰情。

雅言：老去诗篇浑漫与，春来花鸟莫深愁。

俗语：闹中取静。

雅言：结庐在人境，而无车马喧。

俗语：努力学习，才能成才。

雅言：玉不琢，不成器；人不学，不知义。

俗语：世态炎凉。

雅言：世人结交须黄金，黄金不多交不深。

俗语：贫富不均。

雅言：朱门酒肉臭，路有冻死骨。

俗语：豁达释怀。

雅言：回首向来萧瑟处，归去，也无风雨也无晴。

俗语：历史循环。

雅言：旧时王谢堂前燕，飞入寻常百姓家。

俗语：兴亡有数。

雅言：兴亡信有数，星陨事可痛。

俗语：学无止境。

雅言：问渠那得清如许？为有源头活水来。

俗语：身经百战。

雅言：百战沙场碎铁衣，城南已合数重围。

俗语：富贵如烟。

雅言：金满箱，银满箱，展眼乞丐人皆谤。

俗语：成功无捷径。

雅言：看似寻常最奇崛，成如容易却艰辛。

俗语：空旷无人。

雅言：空山不见人，但闻人语响。

俗语：不战而胜。

雅言：不战而屈人之兵，善之善者也。

俗语：胜败无常。

雅言：凭君莫话封侯事，一将功成万骨枯。

俗语：十年寒窗苦读。

雅言：昔日龌龊不足夸，今朝放荡思无涯。

俗语：宇宙浩瀚。

雅言：寄蜉蝣于天地，渺沧海之一粟。

俗语：善恶并存。

雅言：周公恐惧流言日，王莽谦恭未篡时。

俗语：把握当下。

雅言：满目山河空念远，落花风雨更伤春。不如怜取眼前人。

俗语：不要太过于追求完美。

雅言：自古人生最忌满，半贫半富半自安。

俗语：一定会迎来转机。

雅言：山重水复疑无路，柳暗花明又一村。

俗语：平淡方知生活真。

雅言：但有故人供禄米，微躯此外更何求?

俗语：知足常乐享天真。

雅言：且陶陶、乐尽天真。

俗语：世间名利皆浮云。

雅言：浮名浮利，虚苦劳神。

俗语：风雨无阻任平生。

雅言：一蓑烟雨任平生。

俗语：岁月匆匆如隙驹。

雅言：未料容鬓间，蹉跎忽如此。

俗语：人生如酒须尽醉。

雅言：且乐生前一杯酒，何须身后千载名。

俗语：世间行路难胜水。

雅言：江头未是风波恶，别有人间行路难。

俗语：低头做事，才能懂得其中道理。

雅言：手把青秧插满田，低头便见水中天。

俗语：放下执着。

雅言：尽日寻春不见春，芒鞋踏遍陇头云。

俗语：人生如梦。

雅言：人生如梦，一尊还酹江月。

俗语：再不疯狂就老了。

雅言：且趁闲身未老，尽放我、些子疏狂。

俗语：自在开怀就好。

雅言：自歌自舞自开怀，且喜无拘无碍。

俗语：笑口常开解千愁。

雅言：随富随贫且欢乐，不开口笑是痴人。

俗语：凡事要学会让步。

雅言：忍一时风平浪静，退一步海阔天空。

俗语：聪明反被聪明误。

雅言：人皆养子望聪明，我被聪明误一生。

俗语：平常心就是最好的。

雅言：若无闲事挂心头，便是人间好时节。

俗语：时间过得太快了。

雅言：叹隙中驹，石中火，梦中身。

俗语：只管做好事就对了。

雅言：但知行好事，莫要问前程。

俗语：我们都在用力地活着。

雅言：人生如逆旅，我亦是行人。

俗语：人生不过大梦一场。

雅言：人生似幻化，终当归空无。

俗语：要珍惜时间。

雅言：盛年不重来，一日难再晨。

俗语：别睡了，起来嗨。

雅言：昼短苦夜长，何不秉烛游？

俗语：读书要专注，时间宝贵。

雅言：读书不觉已春深，一寸光阴一寸金。

俗语：不要胡思乱想，笑对人生。

雅言：莫思身外无穷事，且尽生前有限杯。

俗语：心存美好，世界就是美好的。

雅言：心中若有桃花源，何处不是水云间。

俗语：生活不易。

雅言：欲渡黄河冰塞川，将登太行雪满山。

俗语：卑鄙是卑鄙者的通行证。

雅言：铺眉苫眼早三公，裸袖揎拳享万钟。

俗语：一旦错过，便是永远。

雅言：人生若只如初见，何事秋风悲画扇。

俗语：无人懂我。

雅言：举世皆浊我独清，众人皆醉我独醒。

俗语：人生如戏，全靠演技。

雅言：胡言乱语成时用，大纲来都是烘。

俗语：珍惜眼前人。

雅言：花开堪折直须折，莫待无花空折枝。

俗语：人生苦短，开心就好。

雅言：蜗牛角上争何事，石火光中寄此身。

俗语：下一个会更好。

雅言：芳菲歇去何须恨，夏木阴阴正可人。

俗语：只可意会，不可言传。

雅言：此中有真意，欲辨已忘言。

俗语：能让自己有归属感的地方就是家。

雅言：无论海角与天涯，大抵心安即是家。

俗语：人生太短暂了。

雅言：世事短如春梦，人情薄似秋云。

俗语：人生不如意是常态。

雅言：不如意事常八九，可与语人无二三。

俗语：人生聚散是自然不过的事。

雅言：月有盈亏花有开谢，想人生最苦离别。

俗语：经历过美好，离别才能不留遗憾。

雅言：直须看尽洛城花，始共春风容易别。

俗语：时间不等人。

雅言：逝者如斯夫，不舍昼夜。

俗语：青春易逝。

雅言：惟草木之零落兮，恐美人之迟暮。

俗语：岁月如流水。

雅言：人生天地间，忽如远行客。

俗语：把握好当下。

雅言：今朝有酒今朝醉，明日愁来明日愁。

俗语：时间过得真快。

雅言：浮云一别后，流水十年间。

俗语：岁月不饶人。

雅言：白发催年老，青阳逼岁除。

俗语：时光飞逝。

雅言：君不见高堂明镜悲白发，朝如青丝暮成雪。

俗语：人生短暂。

雅言：世间行乐亦如此，古来万事东流水。

俗语： 时间不回头。

雅言： 花有重开日，人无再少年。

俗语： 岁月无情。

雅言： 无可奈何花落去，似曾相识燕归来。

俗语： 时间才能检验一切。

雅言： 试玉要烧三日满，辨材须待七年期。

俗语： 人生如白驹过隙。

雅言： 但屈指、西风几时来，又不道、流年暗中偷换。

俗语： 时光催人老。

雅言： 欲买桂花同载酒，终不似，少年游。

俗语： 新陈代谢。

雅言： 芳林新叶催陈叶，流水前波让后波。

俗语： 岁月如梭。

雅言： 岁月匆匆留不住，鬓已星星堪镊。

俗语： 人生无常。

雅言： 兴亡千古繁华梦，诗眼倦天涯。

俗语： 人老心不老。

雅言： 老眼平生空四海，赖有高楼百尺。

俗语： 光阴似箭。

雅言： 但见时光流似箭，岂知天道曲如弓。

俗语： 物是人非。

雅言： 年年岁岁花相似，岁岁年年人不同。

俗语： 人才辈出。

雅言： 江山代有才人出，各领风骚数百年。

俗语： 别太较真。

雅言： 假作真时真亦假，无为有处有还无。

俗语： 岁月留痕。

雅言： 眼看他起朱楼，眼看他宴宾客，眼看他楼塌了。

俗语：人生苦短。

雅言：人生只似风前絮，欢也零星。悲也零星。

俗语：别担心老之将至。

雅言：但得夕阳无限好，何须惆怅近黄昏。

俗语：岁月如歌。

雅言：一粒沙里见世界，一朵花里见天国。

俗语：老来方悟少年贵。

雅言：莫等闲，白了少年头，空悲切。

俗语：登高望远天地宽。

雅言：登高望远天地阔，纵横捭阖自从容。

俗语：梅花香自苦寒来。

雅言：不经一番寒彻骨，怎得梅花扑鼻香。

俗语：年少时一定要努力学习。

雅言：少壮不努力，老大徒伤悲。

俗语：一年又一年，人已不同。

雅言：人面不知何处去，桃花依旧笑春风。

俗语：时光一去不复返。

雅言：人寿几何？逝如朝霜。时无重至，华不再阳。

俗语：刹那永恒。

雅言：人生代代无穷已，江月年年望相似。

俗语：拥有一颗平常心。

雅言：宠辱不惊，闲看庭前花开花落；去留无意，漫随天上云卷云舒。

俗语：岁月如刀。

雅言：公道世间唯白发，贵人头上不曾饶。

俗语：该有的都会有的。

雅言：春有百花秋有月，夏有凉风冬有雪。

俗语：做事情要听从自己的内心。

雅言：心之所向，素履以往。

俗语：跳出常规来看问题。

雅言：不识庐山真面目，只缘身在此山中。

俗语：不要被名利迷了眼睛。

雅言：非淡泊无以明志，非宁静无以致远。

俗语：人要保持自律，居安思危。

雅言：立身行己，居安如坠。

俗语：朋友在精，不在多。

雅言：朋友之交，不宜浮杂。

俗语：君子的交情像水一样清淡。

雅言：君子之交淡如水，小人之交甘若醴。

俗语：志同道合的朋友很难得到。

雅言：相识满天下，知心能几人？

俗语：过去的时光无法挽留。

雅言：弃我去者，昨日之日不可留。

俗语：不以向比自己差的人请教为耻。

雅言：敏而好学，不耻下问。

俗语：要选择高标准、高水平的榜样。

雅言：取法乎上，仅得其中；取法乎中，仅得其下。

俗语：细节是成就大事的基础。

雅言：天下大事，必作于细。

俗语：在追求宏大目标的同时，不能忽视细微之处。

雅言：致广大而尽精微。

俗语：敢为人先。

雅言：苟利于民，不必法古；苟周于事，不必循旧。

俗语：悠然自得。

雅言：心似孤云无所依，悠悠世事何须觅。

俗语：持续创新，不断进步。

雅言：苟日新，日日新，又日新。

俗语：因循守旧会导致落后。

雅言：常人安于故习，学者溺于所闻。

俗语：要根据时代变化进行变革创新。

雅言：治世不一道，便国不法古。

俗语：知人善任会带来国家安定繁荣。

雅言：思皇多士，生此王国。济济多士，文王以宁。

俗语：术业有专攻。

雅言：骏马能历险，力田不如牛。

祝世·长乐未央

俗语：祝您金榜题名。

雅言：春风得意马蹄疾，一日看尽长安花。

俗语：祝您越来越年轻。

雅言：发白复更黑，延年寿命长。

俗语：祝您早生贵子。

雅言：螽斯羽，诜诜兮。宜尔子孙振振兮。

俗语：祝您寿与天齐。

雅言：与天地兮比寿，与日月兮齐光。

俗语：祝您考试顺利。

雅言：明年此日青云上，却笑人间举子忙。

俗语：友谊长存。

雅言：与君远相知，不道云海深。

俗语：祝您前程似锦。

雅言：纵有千古，横有八荒。前途似海，来日方长。

俗语：祝您永怀梦想。

雅言：愿保金石志，无令有夺移。

俗语：祝您早日康复。

雅言：一挥四百病，智刃有余地。

俗语：祝您家族兴旺。

雅言：华堂翠幕春风来，内阁金屏曙色开。

俗语：祝您乔迁大吉。

雅言：今朝好风色，延瞰极天庄。

俗语：希望我们能够身体健康、长长久久。

雅言：但愿人长久，千里共婵娟。

俗语：祝您万事如意。

雅言：万物静观皆自得，四时佳兴与人同。

俗语：祝您文思泉涌。

雅言：文若春华，思若涌泉。

俗语：祝您生意兴隆。

雅言：生意兴隆通四海，财源茂盛达三江。

俗语：祝您旗开得胜。

雅言：持将五色笔，夺取锦标名。

俗语：祝您大展宏图。

雅言：我觉君非池中物，咫尺蛟龙云雨。

俗语：希望今年五谷丰登。

雅言：稻米流脂粟米白，公私仓廪俱丰实。

俗语：希望平安吉祥。

雅言：身投河朔饮君酒，家在茂陵平安否。

俗语：医者仁心。

雅言：人命至重，有贵千金，一方济之，德逾于此。

俗语：师恩此生难忘。

雅言：新竹高于旧竹枝，全凭老干为扶持。

俗语：祝您新婚美满。

雅言：琴瑟在御，莫不静好。

俗语：祝您多子多福。

雅言：千禄百福，子孙千亿。

俗语：祝您事业有成。

雅言：大鹏一日同风起，扶摇直上九万里。

俗语：祝您遇到良师益友。

雅言：鸟随鸾凤飞腾远，人伴贤良品自高。

俗语：希望可以药到病除。

雅言：马蹄所至病魔屈，我于此时忻得之。

俗语：祝您身心康泰。

雅言：鹤瘦松青，精神与、秋月争明。

俗语：祝福你才贯古今。

雅言：胸中历历著千年，笔下源源赴百川。

俗语：祝您长寿。

雅言：寿同金石，永世难老。

俗语：你一定可以平安归来。

雅言：此去与师谁共到，一船明月一帆风。

俗语：祝您旅途顺遂。

雅言：潮平两岸阔，风正一帆悬。

俗语：祝您武运昌隆。

雅言：亚相勤王甘苦辛，誓将报主静边尘。

俗语：您的琴艺实在是精湛。

雅言：此曲只应天上有，人间能得几回闻？

俗语：您真是才华横溢。

雅言：敏捷诗千首，飘零酒一杯。

俗语：祝您冬至团圆。

雅言：天时人事日相催，冬至阳生春又来。

俗语：祝您步步高升。

雅言：他日丹霄骖白凤，何愁子晋不闻笙。

俗语：您是心性澄明的人。

雅言：本来无一物，何处惹尘埃？

俗语：新的一年从今天开始。

雅言：爆竹声中一岁除，春风送暖入屠苏。

俗语：希望美好长存。

雅言：愿保兹善，千载为常。

俗语：儿女团聚，共庆佳节。

雅言：儿女妻孥共团聚，管弦歌舞趁时从。

俗语：希望新的一年一天比一天好。

雅言：老去又逢新岁月，春来更有好花枝。

俗语：希望今后每一年我们都能常相见。

雅言：但愿年年岁岁得相见。

俗语：恭贺新年。

雅言：笙歌间错华筵启，喜新春新岁。

俗语：希望天下太平，人也长寿健康。

雅言：但愿得，河清人寿！

俗语：祝您福寿安康。

雅言：从今把定春风笑，且作人间长寿仙。

俗语：新年快乐。

雅言：千门万户曈曈日，总把新桃换旧符。

俗语：用这杯酒来向您祝寿。

雅言：为此春酒，以介眉寿。

俗语：祝你们永远恩爱。

雅言：乐此今夕，和鸣凤凰。

俗语：祝新婚快乐。

雅言：良缘由夙缔，佳偶自天成。

俗语：祝你们百年好合。

雅言：百年恩爱双心结，千里姻缘一线牵。

俗语：祝福新人长长久久。

雅言：愿花长好，人长健，月长圆。

俗语：祝新郎新娘永远恩爱。

雅言：结发为夫妻，恩爱两不疑。

俗语：愿夫妻俩琴瑟和鸣。

雅言：同声若鼓瑟，合韵似鸣琴。

俗语：祝你们婚姻美满幸福。

雅言：鸳鸯于飞，毕之罗之。君子万年，福禄宜之。

俗语：祝你们子孙满堂。

雅言：儿女各冠笄，孙孩绕衣襟。

俗语：祝您哪怕头发花白了也精神良好。

雅言：方结偕老期，岂惮华发侵。

俗语：希望你们的儿女会好好孝敬你们。

雅言：谁言寸草心，报得三春晖。

俗语：希望你们一直在一起。

雅言：愿为双飞鸿，百岁不相离。

俗语：祝您寿比南山。

雅言：景未移，行数千，寿如南山不忘愆。

俗语：祝您万寿无疆。

雅言：跻彼公堂，称彼兕觥，万寿无疆。

俗语：祝福寿安康，长命百岁。

雅言：愿郎千万寿，长作主人翁。

俗语：祝愿您健康长寿。

雅言：孝孙有庆，报以介福，万寿无疆。

俗语：多做好事，造福百姓。

雅言：万里耕桑无一事，三朝功德在生民。

俗语：愿您身体越来越硬朗。

雅言：如松柏之茂，无不尔或承。

俗语：希望听到你平安的消息。

雅言：从今日望平安书，我欲灯前手亲拆。

俗语：看到你平安的消息我太高兴了。

雅言：忽接家书心暗喜，更于封外写平安。

俗语：什么时候能从你这里听到平安的消息呢？

雅言：旅邸有人垂顾问，家书何日寄平安。

俗语：祝您永远开心自在。

雅言：岁岁春无事，相逢总玉颜。

俗语：希望你今年比去年过得更好。

雅言：愿新年，胜旧年。

俗语：祝你笑口常开。

雅言：人生自在常如此，何事能妨笑口开。

俗语： 愿你成为一个正直高洁的人。

雅言： 大雪压青松，青松挺且直。

俗语： 祝你身体康健。

雅言： 命如南山石，四体康且直。

俗语： 祝愿你能得到他人赏识。

雅言： 要知松高洁，待到雪化时。

俗语： 祝你像松树一样不惧困难与挑战。

雅言： 风声一何盛，松枝一何劲。

俗语： 愿你像松柏一样保持自己的个性。

雅言： 岂不罹凝寒？松柏有本性。

俗语： 你一定会被人发现自己的才华。

雅言： 时人不识凌云木，直待凌云始道高。

俗语： 愿你成为道德高尚的人。

雅言： 愿君学长松，慎勿作桃李。

俗语：祝你考上心仪的大学。

雅言：丹墀对策三千字，金榜题名五色春。

俗语：希望你生活幸福。

雅言：愿如风有信，长与日俱中。

俗语：希望你将来能出人头地。

雅言：愿君移向长林间，他日将来作梁栋。

俗语：知道你志向远大，祝你梦想成真。

雅言：知君志不小，一举凌鸿鹄。

俗语：希望你事业有成。

雅言：愿祝君如此山水，滔滔岌岌风云起。

俗语：希望你无忧无虑地过一生。

雅言：斗鸡走犬过一生，天地安危两不知。

俗语：愿你实现远大的理想。

雅言：霜蹄千里骏，风翮九霄鹏。

俗语：希望我的孩子健康快乐地成长。

雅言：惟愿孩儿愚且鲁，无灾无难到公卿。

俗语：希望你能永远快乐。

雅言：欢笑尽娱，乐哉未央。

俗语：祝你吃得好、睡得好，天天开心。

雅言：愿尔康强好眠食，百年欢乐未渠央。

俗语：祝你从今往后，年年都像今年一样幸福。

雅言：愿从今后八千年，长似今朝，长似今年。

俗语：愿你福、寿、禄三全。

雅言：今朝此日，同祝卿卿，福寿禄星齐转。

俗语：祝阖家团圆。

雅言：爱子心无尽，归家喜及辰。

俗语：愿你未来可期。

雅言：希君生羽翼，一化北溟鱼。

俗语： 祝你永远年轻。

雅言： 朱颜长似，头上花枝，岁岁年年。

俗语： 长了一岁，祝你明年更健康。

雅言： 从教一岁大家添，但只要、明年强健。

俗语： 希望明年看见你时，你依旧这么年轻。

雅言： 今年见，明年重见，春色如人面。

俗语： 愿你永葆青春活力。

雅言： 青春元不老，君知否？

俗语： 愿你头发花白时也依然精神很好。

雅言： 寿远眉毫秀，身康鬓雪稀。

俗语： 祝您长享遐龄。

雅言： 千山短褐，掬水擎花，为君增祝灵椿。

俗语： 祝年年都这么开心。

雅言： 岁岁年年，共欢同乐，嘉庆与时新。

俗语：希望你像个无忧无虑的孩子。

雅言：愿君常似少年时，初心不忘乐相知。

俗语：新年新气象。

雅言：愿得长如此，年年物候新。

俗语：祝身体健康，万事如意。

雅言：从今诸事愿、胜如旧，人生强健。

俗语：愿大家在新的一年里充满活力。

雅言：愿除旧妄生新意，端与新年日日新。

俗语：希望你的家庭美满。

雅言：桃之夭夭，灼灼其华。之子于归，宜其室家。

俗语：祝你以新锐之势惊艳众人。

雅言：宣父犹能畏后生，丈夫未可轻年少。

俗语：祝你一路顺遂，向着高位迈进。

雅言：一鸣从此始，相望青云端。

少年·志在四方

俗语：男子汉当自强。

雅言：男儿何不带吴钩，收取关山五十州。

俗语：热血报国志。

雅言：黄沙百战穿金甲，不破楼兰终不还。

俗语：豪气冲天。

雅言：十步杀一人，千里不留行。

俗语：一定要做最杰出的人。

雅言：生当作人杰，死亦为鬼雄。

俗语：坚定目标不动摇。

雅言：咬定青山不放松，立根原在破岩中。

俗语：女子独立自强。

雅言：莫谓蛾眉难报国，也能替父远从军。

俗语：少年当志向远大。

雅言：少年心事当拏云，谁念幽寒坐呜呃。

俗语：胸怀大志，奋发图强。

雅言：少年负壮气，奋烈自有时。

俗语：坚持就是胜利。

雅言：千淘万漉虽辛苦，吹尽狂沙始到金。

俗语：逆境中会得到成长。

雅言：宝剑锋从磨砺出，梅花香自苦寒来。

俗语：年轻人要珍惜时间。

雅言：少年易老学难成，一寸光阴不可轻。

俗语：时间在不断流逝，事物在不断变迁。

雅言：人事有代谢，往来成古今。

俗语：锐意进取。

雅言：长江后浪推前浪，世上新人赶旧人。

俗语：铁肩担道义。

雅言：铁可折，玉可碎，海可枯，不论穷达生死，直节贯殊途。

俗语：宁折不弯。

雅言：安能摧眉折腰事权贵，使我不得开心颜？

俗语：女子当自强。

雅言：休言女子非英物，夜夜龙泉壁上鸣。

俗语：女子应挣脱枷锁。

雅言：漫云女子不英雄，万里乘风独向东。

俗语：义薄云天。

雅言：三杯吐然诺，五岳倒为轻。

俗语：热血男儿。

雅言：寄意寒星荃不察，我以我血荐轩辕。

俗语：意志坚定才能成功。

雅言：为有牺牲多壮志，敢教日月换新天。

俗语：向往自由。

雅言：我愿生两翅，捕逐出八荒。

俗语：人生处处是转机。

雅言：沉舟侧畔千帆过，病树前头万木春。

俗语：好男儿志在四方。

雅言：丈夫志四海，万里犹比邻。

俗语：以后会越来越好。

雅言：长风破浪会有时，直挂云帆济沧海。

俗语：生命在于运动。

雅言：流水不腐，户枢不蠹，动也。

俗语：才女不输男。

雅言：自言才艺是天真，不服丈夫胜妇人。

俗语：柔中带刚。

雅言：刚者不坚牢，柔底难摧挫。

俗语：不更改自己的志向。

雅言：穷且益坚，不坠青云之志。

俗语：人生终将逆袭。

雅言：蛟龙得云雨，雕鹗在秋天。

俗语：要做一个有骨气的血性男儿。

雅言：裹尸马革英雄事，纵死终令汗竹香。

俗语：视死如归。

雅言：愿将腰下剑，直为斩楼兰。

俗语：不为他人而轻易改变自己的坚持。

雅言：不要人夸好颜色，只留清气满乾坤。

俗语：宁死不屈。

雅言：人生自古谁无死？留取丹心照汗青。

俗语：好男儿要读万卷书。

雅言：男儿若遂平生志，六经勤向窗前读。

俗语：坚持自己的志向，一定会成功。

雅言：志若不移山可改，何愁青史不书功。

俗语：精益求精。

雅言：吟安一个字，捻断数茎须。

俗语：破旧立新。

雅言：请君莫奏前朝曲，听唱新翻杨柳枝。

俗语：少年要敢想敢干。

雅言：少年恃险若平地，独倚长剑凌清秋。

俗语：学习别人的长处，弥补自己的短处。

雅言：择其善者而从之，其不善者而改之。

俗语：挣脱桎梏。

雅言：始知锁向金笼听，不及林间自在啼。

俗语：不要看不起我。

雅言：仰天大笑出门去，我辈岂是蓬蒿人！

俗语：我就是最强的。

雅言：海到无边天作岸，山登绝顶我为峰。

俗语：心里时常装着祖国。

雅言：僵卧孤村不自哀，尚思为国戍轮台。

俗语：飒爽英姿。

雅言：飒爽英姿五尺枪，曙光初照演兵场。

俗语：以诚信为本。

雅言：不宝金玉，而忠信以为宝。

俗语：我从没忘却曾经立下的誓言。

雅言：有谁知，鬓虽残，心未死。

俗语：重回少年。

雅言：谁道人生无再少？门前流水尚能西。

俗语：历经磨难才能更加强大。

雅言：千磨万击还坚劲，任尔东西南北风。

俗语：我们的目标是星辰大海。

雅言：俱怀逸兴壮思飞，欲上青天揽明月。

俗语：从小就树立了远大的志向。

雅言：自小多才学，平生志气高。

俗语：我命由我不由天。

雅言：一粒灵丹吞入腹，始知我命不由天。

俗语：站得高才能望得远。

雅言：欲穷千里目，更上一层楼。

俗语：不论如何都不要丢下自己的原则。

雅言：受屈不改心，然后知君子。

俗语：不要害怕变得更好。

雅言：山不厌高，水不厌深。

俗语：我绝不会轻言放弃。

雅言：路曼曼其修远兮，吾将上下而求索。

俗语：英姿飒爽。

雅言：银鞍照白马，飒沓如流星。

俗语：要多向他人学习。

雅言：三人行，必有我师焉。

俗语：我必将建功立业。

雅言：会挽雕弓如满月，西北望，射天狼。

俗语：知耻而后勇。

雅言：好学近乎知，力行近乎仁，知耻近乎勇。

俗语：大不了从头再来。

雅言：江东子弟多才俊，卷土重来未可知。

俗语：只要全力以赴，就没人阻挡得了我。

雅言：一卒毕力，百人不当。

俗语：少年时期无忧无虑。

雅言：少年不识愁滋味，爱上层楼。

俗语：振兴中华，人人有责。

雅言：天下兴亡，匹夫有责。

俗语：有志向的人不会轻易摇动。

雅言：匹夫不可夺志也。

俗语：看我大显身手。

雅言：男儿到死心如铁，看试手，补天裂。

俗语：遇到困难总会找到解决的方法。

雅言：山高自有客行路，水深自有渡船人。

俗语：做好自己。

雅言：一人难顺百人意，百人难顺一人心。

俗语：鲜衣怒马正是少年时。

雅言：鲜衣怒马少年时，不负韶华行且知。

俗语：少年自强与国家强大密不可分。

雅言：少年强则国强，少年独立则国独立。

俗语：少年时期我也自在得意过。

雅言：何事独伤怀，少年曾得意。

俗语： 希望你能珍惜年少时光。

雅言： 劝君莫惜金缕衣，劝君惜取少年时。

俗语： 美好的时光不会为了少年而停止流逝。

雅言： 韶华不为少年留，恨悠悠，几时休？

俗语： 这些年我付出了很多。

雅言： 三十功名尘与土，八千里路云和月。

俗语： 不要因年老而消极悲观。

雅言： 莫道桑榆晚，为霞尚满天。

俗语： 趁青春多欣赏美景。

雅言： 寒食清明正好春，看花须着少年人。

俗语： 少年时期意气风发。

雅言： 少年才把笙歌盏，夏日非长秋夜短。

俗语： 少年不应懈怠。

雅言： 少年辛苦终身事，莫向光阴惰寸功。

俗语：自在逍遥。

雅言：新丰美酒斗十千，咸阳游侠多少年。

俗语：年少的恩怨就让它散去吧。

雅言：少年恩怨付波流，吟望朱阑倚。

俗语：出名要趁早。

雅言：长安卿相多少年，富贵应须致身早。

俗语：少年时期自在风流。

雅言：风流少年时，京洛事游遨。

俗语：少年风度翩翩，神采飞扬。

雅言：春日游，杏花吹满头，陌上谁家年少，足风流。

俗语：忍不住怀念自己少年时期的成就。

雅言：忆往昔峥嵘岁月稠。

俗语：少年时期壮志凌云。

雅言：少年胆气凌云，共许骁雄出群。

俗语：趁着年轻要多读书。

雅言：书山有路勤为径，学海无涯苦作舟。

俗语：年轻人不要太过于忧虑。

雅言：少年何所愁，愁见鬓毛白。

俗语：不要停下追求梦想的脚步。

雅言：追风赶月莫停留，平芜尽处是春山。

俗语：我就是一个光明磊落的人。

雅言：坦荡君子，无悦簧言。

俗语：重整旗鼓再出发。

雅言：雄关漫道真如铁，而今迈步从头越。

俗语：少年立志，只能进取不能停止。

雅言：男儿志兮天下事，但有进兮不有止。

俗语：知错不难改错难。

雅言：知过非难，改过为难；言善非难，行善为难。

俗语： 少年修身先正心。

雅言： 欲修其身者，先正其心。

俗语： 长江后浪推前浪。

雅言： 桐花万里丹山路，雏凤清于老凤声。

围炉·对酒当歌

俗语：喝完酒就不考虑那些烦心事了。

雅言：我有一瓢酒，可以慰风尘。

俗语：我独自对着月亮喝酒。

雅言：举杯邀明月，对影成三人。

俗语：酒醒了发现客人都走了。

雅言：日暮酒醒人已远，满天风雨下西楼。

俗语：这可是我们自家酿的酒。

雅言：莫笑农家腊酒浑，丰年留客足鸡豚。

俗语：边喝酒边聊聊家常。

雅言：开轩面场圃，把酒话桑麻。

俗语：喝醉了你可别笑话我。

雅言：醉卧沙场君莫笑，古来征战几人回。

俗语：这酒很值钱。

雅言：金樽清酒斗十千，玉盘珍羞直万钱。

俗语： 喝完酒开始感伤了。

雅言： 酒入愁肠，化作相思泪。

俗语： 人生在得意之时，就要好好把握、尽情欢乐。

雅言： 人生得意须尽欢，莫使金樽空对月。

俗语： 喝喝小酒，悠闲自在。

雅言： 山中何事？松花酿酒，春水煎茶。

俗语： 喝完酒分不清现实和梦境。

雅言： 醉后不知天在水，满船清梦压星河。

俗语： 美酒不够喝，喝完还回味。

雅言： 我饮不尽器，半酣味尤长。

俗语： 吃饱喝足。

雅言： 食饱心自若，酒酣气益振。

俗语： 酒醒之后不知道自己在哪里了。

雅言： 今宵酒醒何处？杨柳岸、晓风残月。

俗语：摆上好酒好菜，送别朋友。

雅言：中军置酒饮归客，胡琴琵琶与羌笛。

俗语：以茶代酒。

雅言：寒夜客来茶当酒，竹炉汤沸火初红。

俗语：想起咱俩以前一起喝酒的美好时光。

雅言：桃李春风一杯酒，江湖夜雨十年灯。

俗语：愁啊，喝了不少酒。

雅言：穷愁千万端，美酒三百杯。

俗语：走哪儿喝哪儿。

雅言：酒债寻常行处有，人生七十古来稀。

俗语：喝完酒开始想家了。

雅言：浊酒一杯家万里，燕然未勒归无计。

俗语：酒能解千愁。

雅言：果是金鳞丹凤客，逢渠一醉解千愁。

俗语： 喝完酒更能酣畅淋漓地创作。

雅言： 李白斗酒诗百篇，长安市上酒家眠。

俗语： 在去年的这个时候，我们也是一边喝酒一边听歌。

雅言： 一曲新词酒一杯，去年天气旧亭台。

俗语： 春天来了，可以边赏美景边喝酒。

雅言： 花间置酒清香发，争挽长条落香雪。

俗语： 难得相聚，我们边喝边聊。

雅言： 把酒祝东风，且共从容。

俗语： 喝醉了就忘了自己是谁。

雅言： 醉里不知谁是我，非月非云非鹤。

俗语： 我老了，但我照样能喝。

雅言： 酒酣胸胆尚开张，鬓微霜，又何妨！

俗语： 装作自己喝醉了，卧下。

雅言： 恐他花鸟笑，佯醉卧池台。

俗语：喝醉了心里还是清明的。

雅言：为存酒家令，心里不曾迷。

俗语：为了这美景也该喝点酒。

雅言：且就洞庭赊月色，将船买酒白云边。

俗语：喝了这杯酒，咱俩就要各奔天涯了。

雅言：飞蓬各自远，且尽手中杯。

俗语：今天我们不醉不归。

雅言：钟鼓馔玉不足贵，但愿长醉不复醒。

俗语：朋友们为我送别，临走前都喝完了杯中的酒。

雅言：金陵子弟来相送，欲行不行各尽觞。

俗语：江南不仅酒好，歌也好。

雅言：江南好，千钟美酒，一曲满庭芳。

俗语：今年新酿的酒已经好了。

雅言：新丰主人新酒熟，旧客还归旧堂宿。

俗语：要下雪了，要不咱们喝一杯？

雅言：晚来天欲雪，能饮一杯无？

俗语：喝上一杯酒，就能想起自己思念的人。

雅言：遥知湖上一樽酒，能忆天涯万里人。

俗语：我们不醉不归。

雅言：一生大笑能几回，斗酒相逢须醉倒。

俗语：哪里有卖酒的？

雅言：借问酒家何处有？牧童遥指杏花村。

俗语：咱俩很有共同语言。

雅言：追攀更觉相逢晚，谈笑难忘欲别前。

俗语：有钱喝酒。

雅言：莫谩愁酤酒，囊中自有钱。

俗语：听了你的话，喝完这杯酒就更有精神。

雅言：今日听君歌一曲，暂凭杯酒长精神。

俗语：我们情同手足。

雅言：醉眠秋共被，携手日同行。

俗语：每天都想喝酒。

雅言：日日深杯酒满，朝朝小圃花开。

俗语：边喝酒边聊天。

雅言：草草杯盘供笑语，昏昏灯火话平生。

俗语：只喝酒，我们不谈别的。

雅言：百事尽除去，尚余酒与诗。

俗语：喝完酒之后就各奔东西。

雅言：醒时同交欢，醉后各分散。

俗语：借这杯酒来慰问你。

雅言：欲持一瓢酒，远慰风雨夕。

俗语：喝多了就忘记忧愁了。

雅言：醉里且贪欢笑，要愁那得工夫。

俗语：喝着酒，欣赏着山水美景。

雅言：我来携酒醉其下，卧看千峰秋月明。

俗语：为你举杯，劝时间慢一点。

雅言：为君持酒劝斜阳，且向花间留晚照。

俗语：开开心心去喝酒。

雅言：落花踏尽游何处，笑入胡姬酒肆中。

俗语：春风吹得我酒醒了。

雅言：料峭春风吹酒醒，微冷，山头斜照却相迎。

俗语：美酒和美景相衬。

雅言：煮酒青梅次第尝，啼莺乳燕占年光。

俗语：珍惜可以一起喝酒的日子。

雅言：此时却羡闲人醉，五马无由入酒家。

俗语：我只想在这里喝酒，哪里都不想去。

雅言：玉楼金阙慵归去，且插梅花醉洛阳。

俗语：晚上来喝酒。

雅言：烟笼寒水月笼沙，夜泊秦淮近酒家。

俗语：大摆筵席，喝酒赏月观花。

雅言：开琼筵以坐花，飞羽觞而醉月。

俗语：重阳节独自一人喝酒。

雅言：重阳独酌杯中酒，抱病起登江上台。

俗语：别担心酒多伤身。

雅言：且看欲尽花经眼，莫厌伤多酒入唇。

俗语：有酒就要喝。

雅言：遇酒且呵呵，人生能几何？

俗语：越喝酒，我心里越难受。

雅言：抽刀断水水更流，举杯消愁愁更愁。

俗语：以前不喜欢喝酒，现在反而爱上喝酒了。

雅言：昔年多病厌芳尊，今日芳尊惟恐浅。

俗语：还没喝酒就已经开始感伤。

雅言：愁肠已断无由醉，酒未到，先成泪。

俗语：在院子里闻着花香、品着小酒。

雅言：东篱把酒黄昏后，有暗香盈袖。

俗语：我喝醉了准备睡会儿，咱们下次再约。

雅言：我醉欲眠卿且去，明朝有意抱琴来。

俗语：别心疼喝酒的钱。

雅言：人生不得长少年，莫惜床头沽酒钱。

俗语：没心情喝酒。

雅言：无酒无诗情绪，欲梅欲雪天时。

俗语：我们好不容易见个面，多喝点。

雅言：相逢莫厌醉金杯，别离多，欢会少。

俗语：爱喝酒是再正常不过的了。

雅言：地若不爱酒，地应无酒泉。

俗语：主要是看风景，喝酒倒是其次。

雅言：醉翁之意不在酒，在乎山水之间也。

俗语：我们难得见一面，开心点吧！

雅言：一壶浊酒喜相逢。古今多少事，都付笑谈中。

俗语：读了很多书，也喝了很多酒。

雅言：腹中书万卷，身外酒千杯。

俗语：正在喝酒时，听到了不好的消息。

雅言：三杯两盏淡酒，怎敌他，晚来风急。

俗语：喝多了，暂时忘记了烦心事。

雅言：酒后高歌且放狂，门前闲事莫思量。

俗语：两个人喝了一杯又一杯。

雅言：两人对酌山花开，一杯一杯复一杯。

俗语：喝醉了，一觉睡到大天亮。

雅言：醉来方欲卧，不觉晓鸡鸣。

俗语：半夜酒醒后听到了外面的雨声。

雅言：三更酒醒残灯在，卧听萧萧雨打篷。

俗语：边喝酒边钓鱼，优哉游哉。

雅言：一壶酒，一竿身，快活如侬有几人？

俗语：买点酒，继续陪我喝。

雅言：五花马，千金裘，呼儿将出换美酒，与尔同销万古愁。

俗语：敬你一杯以安抚你受伤的心灵。

雅言：酌酒与君君自宽，人情翻覆似波澜。

俗语：饮了这美酒，才能不辜负这春光。

雅言：报答春光知有处，应须美酒送生涯。

俗语：只有酒能消愁。

雅言：何以解忧，唯有杜康。

俗语：喝醉后离开，下起小雨，感到阵阵凉意。

雅言：醉别江楼橘柚香，江风引雨入舟凉。

俗语：别发愁了，先喝酒。

雅言：人生达命岂暇愁，且饮美酒登高楼。

俗语：不管美酒价钱几何，能消愁解闷最重要。

雅言：心断新丰酒，销愁斗几千。

俗语：喝了三杯美酒，看到一朵小花，身心舒畅。

雅言：幸遇三杯酒好，况逢一朵花新。

俗语：感情深就多喝点酒。

雅言：珍重主人心，酒深情亦深。

俗语：好友相聚，大醉一场，再告别。

雅言：醉笑陪公三万场，不用诉离觞。

俗语：昨天喝醉了，今天醉意还在。

雅言：昨夜雨疏风骤，浓睡不消残酒。

俗语：一边饮酒，一边听歌。

雅言：对酒当歌，人生几何！

俗语：将士们在酒宴上表达豪情壮志。

雅言：葡萄美酒夜光杯，欲饮琵琶马上催。

俗语：战场豪情尽在酒意和剑影中。

雅言：醉里挑灯看剑，梦回吹角连营。

俗语：喝酒别停。

雅言：会须一饮三百杯，岑夫子，丹丘生，将进酒，杯莫停。

俗语：少年侠气，以酒相酬。

雅言：相逢意气为君饮，系马高楼垂柳边。

俗语：时光易逝，举杯欲留春住。

雅言：酒盏酌来须满满，花枝看即落纷纷。

俗语：生活太难了，一起喝杯酒吧！

雅言：艰难苦恨繁霜鬓，潦倒新停浊酒杯。

友情·心心相印

俗语：朋友聚会，开心最重要。

雅言：人生贵相知，何必金与钱。

俗语：兄弟有难，我必相助。

雅言：脊令在原，兄弟急难。

俗语：真正的朋友，距离不是问题。

雅言：海内存知己，天涯若比邻。

俗语：大家齐心协力。

雅言：万人操弓，共射一招。

俗语：我很感激你对我之前的帮助。

雅言：投我以木桃，报之以琼瑶。

俗语：邻里之间多关照。

雅言：肯与邻翁相对饮，隔篱呼取尽余杯。

俗语：合作才能共赢。

雅言：岂曰无衣？与子同袍。

俗语：真诚交往胜过血缘关系。

雅言：结交在相知，骨肉何必亲。

俗语：宽以待人，严以律己。

雅言：君子贵人而贱己，先人而后己。

俗语：共同进步才是真朋友。

雅言：如切如磋，如琢如磨。

俗语：与他人分享，自己也收获幸福。

雅言：赠人玫瑰，手有余香。

俗语：平时好不算啥。

雅言：相知在急难，独好亦何益。

俗语：友谊经得起时间考验。

雅言：久要不可忘，薄终义所尤。

俗语：真心祝贺你取得了成就。

雅言：平生不解藏人善，到处逢人说项斯。

俗语：目送你离开。

雅言：看君孤舟去，且欲歌垂纶。

俗语：宰相肚里好撑船。

雅言：君子量不极，胸吞百川流。

俗语：心意胜过千言万语。

雅言：折花逢驿使，寄与陇头人。

俗语：下次见面不知是什么时候了。

雅言：明日巴陵道，秋山又几重。

俗语：不要思念故乡了，姑且点上新火来烹煮一杯新茶。

雅言：休对故人思故国，且将新火试新茶。

俗语：不舍得和你分别。

雅言：浮云游子意，落日故人情。

俗语：朋友相聚，简单吃点儿也很开心。

雅言：盘飧市远无兼味，樽酒家贫只旧醅。

俗语：送朋友不会嫌路途遥远。

雅言：不辞山路远，踏雪也相过。

俗语：从小到大的友情。

雅言：少年乐新知，衰暮思故友。

俗语：走之前劝你再饮一杯。

雅言：劝君更尽一杯酒，西出阳关无故人。

俗语：朋友间的默契无须多言。

雅言：相视而笑，莫逆于心。

俗语：真正的友谊经得起时间考验。

雅言：路遥知马力，日久见人心。

俗语：与友人相聚的不易。

雅言：数人世相逢，百年欢笑，能得几回又。

俗语：朋友送别的情意十分深重。

雅言：桃花潭水深千尺，不及汪伦送我情。

俗语：只能在梦中回忆往昔。

雅言：故人入我梦，明我长相忆。

俗语：你离开后我感觉百无聊赖。

雅言：伤心故人去后，冷落新诗。

俗语：过节时也想起你。

雅言：感此怀故人，中宵劳梦想。

俗语：知己相会无须繁文缛节。

雅言：大家金盏倒垂莲，一任西楼低晓月。

俗语：朋友间无须计较得失。

雅言：匪报也，永以为好也！

俗语：送君千里，终有一别。

雅言：唯有相思似春色，江南江北送君归。

俗语：距离不会阻隔友谊。

雅言：青山一道同云雨，明月何曾是两乡。

俗语：真正的友谊是灵魂共鸣。

雅言：以文常会友，唯德自成邻。

俗语：没想到我们都认识这么长时间了。

雅言：怨别自惊千里外，论交却忆十年时。

俗语：老友重逢无须寒暄客套。

雅言：十觞亦不醉，感子故意长。

俗语：朋友间的思念如同明月。

雅言：思君如满月，夜夜减清辉。

俗语：同甘共苦的友谊最珍贵。

雅言：心事同漂泊，生涯共苦辛。

俗语：再见面时我们都老了，但还是那么有默契。

雅言：欢笑情如旧，萧疏鬓已斑。

俗语：真正的朋友远隔万里也不是问题。

雅言：相知无远近，万里尚为邻。

俗语：赏月时想起我的朋友。

雅言：长安一片月，万户捣衣声。

俗语：没想到又遇见老朋友。

雅言：已过才追问，相看是故人。

俗语：要珍视家中寄来的书信。

雅言：凭君莫射南来雁，恐有家书寄远人。

俗语：在他乡倍感孤独。

雅言：落叶他乡树，寒灯独夜人。

俗语：年少时和伙伴共同追逐人生理想。

雅言：恰同学少年，风华正茂；书生意气，挥斥方遒。

俗语：不知道下次跟你见面会是在哪里了。

雅言：不知来岁牡丹时，再相逢何处。

俗语：同窗共读的情谊最纯粹。

雅言：昨日邻家乞新火，晓窗分与读书灯。

俗语：朋友间的牵挂如同江水日夜流淌。

雅言：日日思君不见君，共饮长江水。

俗语：梦里还在和朋友相会。

雅言：还作江南会，翻疑梦里逢。

俗语：真正的友谊历久弥新。

雅言：古路无行客，寒山独见君。

俗语：冬日晚上我们一起围着火炉喝点儿小酒。

雅言：绿蚁新醅酒，红泥小火炉。

俗语：到处都有朋友。

雅言：四海皆兄弟，谁为行路人。

俗语：记得报一声平安。

雅言：马上相逢无纸笔，凭君传语报平安。

俗语：你离开后，看到风景我也会想起你。

雅言：青山朝别暮还见，嘶马出门思旧乡。

俗语：有朋友跟我一起聚餐。

雅言：我有嘉宾，鼓瑟吹笙。

俗语：舍不得跟你分开。

雅言：柳条折尽花飞尽，借问行人归不归？

俗语：送你离去时踏着满地秋叶。

雅言：荒戍落黄叶，浩然离故关。

俗语：已经看不到你的身影了。

雅言：孤帆远影碧空尽，唯见长江天际流。

俗语：思念如春草生生不息。

雅言：离恨恰如春草，更行更远还生。

俗语：跟老友深夜对坐，细说当年的故事。

雅言：何当共剪西窗烛，却话巴山夜雨时。

俗语：你明年春天会回来吗？

雅言：春草明年绿，王孙归不归？

俗语：听到鸿雁的叫声我也会想起你。

雅言：鸿雁不堪愁里听，云山况是客中过？

俗语：跟你分别后常常梦到你。

雅言：从别后，忆相逢，几回魂梦与君同。

俗语：你走时大雪覆满群山。

雅言：山回路转不见君，雪上空留马行处。

俗语：把我的思念寄给你。

雅言：江南无所有，聊赠一枝春。

俗语：怀念和朋友一起玩的时光。

雅言：松醪常与野人期，忘形共说清闲话。

俗语：在外闯荡要多注意。

雅言：江湖多风波，舟楫恐失坠。

俗语：夕阳西下，挥手作别。

雅言：渡头余落日，墟里上孤烟。

俗语：再见了，朋友！

雅言：挥手自兹去，萧萧班马鸣。

俗语：共赏明月遥寄相思。

雅言：露从今夜白，月是故乡明。

俗语：这次一别，你就要去很远的地方了。

雅言：此地一为别，孤蓬万里征。

俗语：相隔千里，我依然挂念着你。

雅言：唯应待明月，千里与君同。

俗语：山中送别朋友。

雅言：山中相送罢，日暮掩柴扉。

俗语：什么时候才能收到朋友的消息呢？

雅言：鸿雁几时到？江湖秋水多。

俗语：朋友不会计较你的境遇。

雅言：人生有离合，岂择衰盛端。

俗语：我们一起出去踏青吧！

雅言：若待上林花似锦，出门俱是看花人。

俗语：朋友远行，我不禁十分牵挂。

雅言：日暮征帆何处泊？天涯一望断人肠。

俗语：好像听到了熟悉的朋友的声音。

雅言：忽闻歌古调，归思欲沾巾。

俗语：老友书信如春风化雨。

雅言：嵩云秦树久离居，双鲤迢迢一纸书。

俗语：远方来客，自然要好好招待。

雅言：客从远方来，遗我双鲤鱼。呼儿烹鲤鱼，中有尺素书。

俗语：看着朋友离开的背影。

雅言：昨夜西风凋碧树，独上高楼，望尽天涯路。

俗语：等了很久还没等到朋友过来。

雅言：有约不来过夜半，闲敲棋子落灯花。

俗语：纵使相隔千山万水，也依然挂念着朋友。

雅言：我寄愁心与明月，随君直到夜郎西。

俗语：你远行后我独坐空庭，看萤火虫点亮阶前青苔。

雅言：夕殿萤飞思悄然，孤灯挑尽未成眠。

俗语：跟你分开之后，我就是孤单一人。

雅言：君似孤云何处归，我似离群雁。

俗语：朋友，我们一起喝一杯。

雅言：更待菊黄家酝熟，共君一醉一陶然。

俗语：用一首歌来送别友人。

雅言：劳歌一曲解行舟，红叶青山水急流。

俗语：用信来传达对朋友的思念。

雅言：远书珍重何曾达，旧事凄凉不可听。

俗语：听到你的名字，才想起来我们很久都没见了。

雅言：问姓惊初见，称名忆旧容。

俗语： 书信难以传达对你的思念。

雅言： 欲尽此情书尺素，浮雁沉鱼，终了无凭据。

俗语： 时局动荡，只能各奔东西。

雅言： 时难年荒世业空，弟兄羁旅各西东。

俗语： 远行要注意安全。

雅言： 杨花落尽子规啼，闻道龙标过五溪。

爱语·执子之手

俗语：跟你分开后魂都没了。

雅言：自君之出矣，明镜暗不治。思君如流水，何有穷已时。

俗语：宁愿错过，不愿爱错。

雅言：早知如此绊人心，何如当初莫相识。

俗语：心里眼里全是你，你却假装看不见。

雅言：山有木兮木有枝，心悦君兮君不知。

俗语：只有月亮懂我的心。

雅言：除却天边月，没人知。

俗语：没有生离，只有死别。

雅言：问世间、情是何物，直教生死相许。

俗语：我只能孤独地一人买醉。

雅言：花间一壶酒，独酌无相亲。

俗语：想你想到哭湿了枕头。

雅言：画罗金翡翠，香烛销成泪。

俗语：想你从未停息。

雅言：此情无计可消除，才下眉头，却上心头。

俗语：分别时忍着没流泪。

雅言：别君时。忍泪佯低面，含羞半敛眉。

俗语：你离开，晴天也是雨。

雅言：此去经年，应是良辰好景虚设。

俗语：听到鸟叫声，竟然想起了你。

雅言：织锦机边莺语频，停梭垂泪忆征人。

俗语：我爱你，但我更懂你。

雅言：身无彩凤双飞翼，心有灵犀一点通。

俗语：你知道我在想你吗？

雅言：玲珑骰子安红豆，入骨相思知不知？

俗语：爱而不得，心酸不已。

雅言：人生自是有情痴，此恨不关风与月。

俗语：爱你到生命尽头，无怨无悔。

雅言：春蚕到死丝方尽，蜡炬成灰泪始干。

俗语：除你之外再无他人。

雅言：曾经沧海难为水，除却巫山不是云。

俗语：生生死死都要在一起。

雅言：在天愿作比翼鸟，在地愿为连理枝。

俗语：真心不怕路遥远。

雅言：两情若是久长时，又岂在朝朝暮暮。

俗语：为你变得憔悴也甘心。

雅言：衣带渐宽终不悔，为伊消得人憔悴。

俗语：十年阴阳隔，难忘旧时人。

雅言：十年生死两茫茫，不思量，自难忘。

俗语：想见不能见最是煎熬。

雅言：相思相见知何日？此时此夜难为情！

俗语：隔着重重关山，甚至在梦里都难以见面。

雅言：天长路远魂飞苦，梦魂不到关山难。

俗语：想你想到快“断肠”。

雅言：忆君肠欲断，恨春宵。

俗语：为你我已经变得憔悴了。

雅言：为君憔悴尽，百花时。

俗语：但求你我心心相印。

雅言：只愿君心似我心，定不负相思意。

俗语：寻遍人间，却发现终是你。

雅言：众里寻他千百度，蓦然回首，那人却在，灯火阑珊处。

俗语：看着天上的月亮、星星想着你。

雅言：愿我如星君如月，夜夜流光相皎洁。

俗语：我们在同一片天涯，共赏一轮月。

雅言：海上生明月，天涯共此时。

俗语：之后我会一直想你的。

雅言：赣江西畔从今日，明月清风忆使君。

俗语：梦里都在想你，你却不知道。

雅言：红烛背，绣帘垂，梦长君不知。

俗语：对你的思念绵绵无尽头。

雅言：梧桐树，三更雨，不道离情正苦。

俗语：最大的痛苦，就是我们天各一方。

雅言：千万恨，恨极在天涯。

俗语：你觉得我今天好看吗？

雅言：妆罢低声问夫婿，画眉深浅入时无？

俗语：初尝相思便成疾。

雅言：平生不会相思，才会相思，便害相思。

俗语：谁懂我的难过？

雅言：摇落使人悲，断肠谁得知？

俗语： 对你的思念如水向东流。

雅言： 忆君心似西江水，日夜东流无歇时。

俗语： 又是一夜失眠，我好想你。

雅言： 红楼别夜堪惆怅，香灯半卷流苏帐。

俗语： 想你的时候，才发现连大海都盛不下我的思念。

雅言： 相恨不如潮有信，相思始觉海非深。

俗语： 还没等到你的消息。

雅言： 未得君书，断肠潇湘春雁飞。

俗语： 没人懂我的心。

雅言： 山月不知心里事，水风空落眼前花。

俗语： 愁如烟雨满城飞。

雅言： 一川烟草，满城风絮，梅子黄时雨。

俗语： 多情的只有旧时的月亮了吧。

雅言： 多情只有春庭月，犹为离人照落花。

俗语：希望自己化成风陪在你的身边。

雅言：愿为西南风，长逝入君怀。

俗语：这份情感黏黏糊糊纠缠不清。

雅言：人如风后入江云，情似雨余黏地絮。

俗语：因为想你而泪湿两鬓。

雅言：香雾云鬟湿，清辉玉臂寒。

俗语：秋风吹不尽我对你的思念。

雅言：秋风吹不尽，总是玉关情。

俗语：即使错过我也会一直想念你。

雅言：人事多错迕，与君永相望。

俗语：日日夜夜思念你。

雅言：嫦娥应悔偷灵药，碧海青天夜夜心。

俗语：你何时能回来呢?

雅言：君问归期未有期，巴山夜雨涨秋池。

俗语：月下独眠泪空流。

雅言：不信比来长下泪，开箱验取石榴裙。

俗语：你离开后，这里都没了生机。

雅言：别后不知君远近，触目凄凉多少闷。

俗语：只求一生一世一双人。

雅言：一生一代一双人，争教两处销魂。

俗语：给你的礼物难以寄托我的思念。

雅言：红豆不堪看，满眼相思泪。

俗语：看到外面下雨，我也忍不住因为想你而落泪。

雅言：枕前泪共阶前雨，隔个窗儿滴到明。

俗语：我们分别了太久。

雅言：一别如斯，落尽梨花月又西。

俗语：想你想到晚上都睡不着觉。

雅言：耿耿残灯背壁影，萧萧暗雨打窗声。

俗语：愁从何处起？我心里满是忧愁。

雅言：何处合成愁？离人心上秋。

俗语：想你想得我都憔悴了。

雅言：冠盖满京华，斯人独憔悴。

俗语：独自等待你回来。

雅言：夜深风竹敲秋韵，万叶千声皆是恨。

俗语：此生我们无缘了。

雅言：还君明珠双泪垂，何不相逢未嫁时。

俗语：一个人睡觉时梦到了你。

雅言：何处笛，深夜梦回情脉脉。

俗语：喝完酒后，百感交集。

雅言：百年愁里过，万感醉中来。

俗语：我还在等你回来。

雅言：忆郎郎不至，仰首望飞鸿。

俗语：空床独守对残灯。

雅言：空床卧听南窗雨，谁复挑灯夜补衣？

俗语：在这美好的时节我们又相遇了。

雅言：正是江南好风景，落花时节又逢君。

俗语：我对你的爱天地可鉴。

雅言：若似月轮终皎洁，不辞冰雪为卿热。

俗语：你要相信我是爱你的。

雅言：愿随孤月影，流照伏波营。

俗语：情到深处的人是最孤独的。

雅言：谁见幽人独往来，缥缈孤鸿影。

俗语：盼了又盼人未来，只剩夕阳照江海。

雅言：过尽千帆皆不是，斜晖脉脉水悠悠。

俗语：我自作多情了，失望到心寒。

雅言：多情自古伤离别，更那堪，冷落清秋节。

俗语：难以形容我对你的思念。

雅言：梦为远别啼难唤，书被催成墨未浓。

俗语：你什么时候才能回来？

雅言：淮南皓月冷千山，冥冥归去无人管。

俗语：心中有千言万语。

雅言：心似双丝网，中有千千结。

俗语：我只想你一个人。

雅言：燕子楼中霜月夜，秋来只为一人长。

俗语：想你想到心痛。

雅言：泪痕裛损胭脂脸，剪刀裁破红绡巾。

俗语：我太想你了。

雅言：思君如陇水，长闻呜咽声。

俗语：过去的就让它过去吧。

雅言：半世浮萍随逝水，一宵冷雨葬名花。

俗语：无论看哪里都会想到你。

雅言：梳洗罢，独倚望江楼。

俗语：今生我们也许已经无缘了。

雅言：从此音尘各悄然，春山如黛草如烟。

俗语：相逢时的沉默胜过千言万语。

雅言：相逢不语，一朵芙蓉著秋雨。

俗语：想和你一起静听秋雨。

雅言：共眠一舸听秋雨，小簟轻衾各自寒。

俗语：对你的思念就像雨中绵密的愁绪。

雅言：青鸟不传云外信，丁香空结雨中愁。

俗语：一张信纸写尽对你的相思泪。

雅言：相思处，一纸红笺，无限啼痕。

俗语：见不到你的遗憾伴着我入眠。

雅言：身有恨，恨无穷，星河沉晓空。

俗语： 每天都在等你，但你还是没回来。

雅言： 终日望君君不至，举头闻鹊喜。

俗语： 春天来了，你还没回来。

雅言： 子规啼，不如归，道是春归人未归。

俗语： 想你想到泪流满面。

雅言： 便做春江都是泪，流不尽，许多愁。

俗语： 春风十里不如你。

雅言： 春风十里扬州路，卷上珠帘总不如。

俗语： 看到你便很开心。

雅言： 既见君子，云胡不喜！

俗语： 我日夜都想要追求你。

雅言： 窈窕淑女，寤寐求之。

俗语： 我想在青春美貌时与你相爱。

雅言： 爱身以何为，惜我华色时。

俗语： 爱情的发生往往不由自主。

雅言： 情不知所起，一往而深。

俗语： 白发苍苍也不分离。

雅言： 愿得一心人，白首不相离。

俗语： 我想和你从一而终，相伴一生。

雅言： 同居长干里，两小无嫌猜。

俗语： 处境不同，我也渴望相聚。

雅言： 浮沉各异势，会合何时谐？

俗语： 我一定不和你分开。

雅言： 山无陵，江水为竭，冬雷震震，夏雨雪，天地合，乃敢与君绝。

才略·七步成诗

俗语：你的文章写得浑然天成。

雅言：文章本天成，妙手偶得之。

俗语：你真是才华卓绝。

雅言：六国平来四海家，相君当代擅才华。

俗语：才华冠绝当世英豪。

雅言：复羡二龙去，才华冠世雄。

俗语：你的才华自能照亮云霄。

雅言：岂关名利分荣路，自有才华作庆霄。

俗语：学问不可浮于表面。

雅言：学非探其花，要自拨其根。

俗语：你是世上最独特的人。

雅言：郎艳独绝，世无其二。

俗语：年少积累方能老来成就。

雅言：古人学问无遗力，少壮工夫老始成。

俗语：反复研读经典后才能领悟其真谛。

雅言：旧书不厌百回读，熟读深思子自知。

俗语：学习与思考同样重要。

雅言：学而不思则罔，思而不学则殆。

俗语：珍惜时光，及时奋进。

雅言：及时当勉励，岁月不待人。

俗语：青春短暂，须早立志。

雅言：青春须早为，岂能长少年。

俗语：有志之士珍惜每一天的时间。

雅言：志士惜日短，愁人知夜长。

俗语：良材须经烈火锤炼。

雅言：不有百炼火，孰知寸金精。

俗语：人外有人，天外有天。

雅言：故不登高山，不知天之高也；不临深溪，不知地之厚也。

俗语：求学要厚积薄发。

雅言：博观而约取，厚积而薄发。

俗语：人间难遇识才伯乐。

雅言：世上岂无千里马，人中难得九方皋。

俗语：报效国家。

雅言：了却君王天下事，赢得生前身后名。

俗语：有才华的人不担心没有功名。

雅言：才子何须藉科第，男儿终久要功勋。

俗语：博学笃行，方成真知。

雅言：博学之，审问之，慎思之，明辨之，笃行之。

俗语：不要等头发白了才想到读书。

雅言：黑发不知勤学早，白首方悔读书迟。

俗语：实践方能悟透真知。

雅言：纸上得来终觉浅，绝知此事要躬行。

俗语： 你小时候就很聪明。

雅言： 幼敏悟过人，读书辄成诵。

俗语： 才华需质朴真挚。

雅言： 清水出芙蓉，天然去雕饰。

俗语： 少年立志读尽人间书。

雅言： 发奋识遍天下字，立志读尽人间书。

俗语： 学问需切磋琢磨。

雅言： 奇文共欣赏，疑义相与析。

俗语： 勤学才会一直有长进。

雅言： 勤学如春起之苗，不见其增，日有所长。

俗语： 书里面的知识非常宝贵。

雅言： 书卷多情似故人，晨昏忧乐每相亲。

俗语： 学问常读常新。

雅言： 活水源流随处满，东风花柳逐时新。

俗语： 读书自能发现其中乐趣。

雅言： 读书之乐何处寻？数点梅花天地心。

俗语： 人无完人。

雅言： 黄金无足色，白璧有微瑕。

俗语： 学问不进则退。

雅言： 学如逆水行舟，不进则退。

俗语： 读遍人间万卷书，方能妙语连珠出。

雅言： 读书破万卷，下笔如有神。

俗语： 你写出来的文章令人折服。

雅言： 笔落惊风雨，诗成泣鬼神。

俗语： 读书可以培养气质。

雅言： 粗缯大布裹生涯，腹有诗书气自华。

俗语： 要沉下心来做事。

雅言： 十年磨一剑，霜刃未曾试。

俗语：才气直冲云霄。

雅言：才华便合冲霄去，应为看云却少留。

俗语：落笔酣畅淋漓。

雅言：兴酣落笔摇五岳，诗成笑傲凌沧洲。

俗语：无人能敌的天才。

雅言：前不见古人，后不见来者。

俗语：你简直是文武双全。

雅言：上马击狂胡，下马草军书。

俗语：你学习得太认真，已经入木三分。

雅言：请君看入木，一寸乃非虚。

俗语：你就像天上下来的神仙一样。

雅言：昔年有狂客，号尔谪仙人。

俗语：你的文章写得太好了。

雅言：庾信文章老更成，凌云健笔意纵横。

俗语：聪敏得简直能横扫千军。

雅言：词源倒流三峡水，笔阵独扫千人军。

俗语：你真是文采风流。

雅言：白也诗无敌，飘然思不群。

俗语：你这个人实在才高八斗。

雅言：天下才共一石，曹子建独得八斗。

俗语：你太有才了。

雅言：自是君身有仙骨，世人那得知其故。

俗语：苦尽甘来。

雅言：十年窗下无人问，一举成名天下知。

俗语：期待你的大作。

雅言：请日试万言，倚马可待。

俗语：你是最聪明的那一个。

雅言：密勿论思，雍容启沃，才华独冠。

俗语：自己对自己有很高的要求。

雅言：文章千古事，得失寸心知。

俗语：有才华却不外露。

雅言：虚负凌云万丈才，一生襟抱未曾开。

俗语：气度不凡。

雅言：我愿君子气，散为青松栽。

俗语：每个人的才能都可能被赏识。

雅言：天生我材必有用，千金散尽还复来。

俗语：寥寥几句就已经超越所有人了。

雅言：三寸舌为安国剑，五言诗作上天梯。

俗语：写的文章太多了。

雅言：墨池飞出北溟鱼，笔锋杀尽中山兔。

俗语：你这么谦虚，不炫耀自己的文采。

雅言：腹中书籍幽时晒，肘后医方静处看。

俗语：他从小就很聪明。

雅言：乱插蓬蒿箭满腰，不怕猛虎欺黄犊。

俗语：你写的文章已经超过前辈了。

雅言：李杜诗篇万口传，至今已觉不新鲜。

俗语：你一定能很早就出名。

雅言：文章有神交有道，端复得之名誉早。

俗语：你一定能够流芳百世。

雅言：诗卷长留天地间，钓竿欲拂珊瑚树。

俗语：知识渊博的前提是不断地积累。

雅言：退笔成山未足珍，读书万卷始通神。

俗语：你的即兴之作已经能让所有人大开眼界。

雅言：兴来一挥百纸尽，骏马倏忽踏九州。

俗语：恨不得能早点认识你。

雅言：诗家总爱西昆好，独恨无人作郑笺。

俗语：你的文章一定能流传很广。

雅言：子建文章壮，河间经术存。

俗语：你实在是一个超凡脱俗的有才之人。

雅言：致君尧舜上，再使风俗淳。

俗语：你懂得的东西太多了。

雅言：胸中磊落藏五兵，欲试无路空峥嵘。

俗语：看到你，我仿佛看到了那些著名的文人。

雅言：诗家三昧忽见前，屈贾在眼元历历。

俗语：胸中充满韬略。

雅言：指点江山，激扬文字，粪土当年万户侯。

俗语：肯定有很多人都羡慕你的才华。

雅言：先生自是儒中彦，才华磊落人争羡。

俗语：你的才华是天地可鉴的。

雅言：诗骨耸东野，诗涛涌退之。

俗语：看到你我感觉自愧不如。

雅言：却愧才华钝，三年句不成。

俗语：论才华没人能比得过你。

雅言：少年簪笔侍承明，谁复才华似贾生。

俗语：随随便便就能写出文章。

雅言：脱口成章，粲莫可耘。

俗语：太有才了，堪比以前的那些天才。

雅言：清新庾开府，俊逸鲍参军。

俗语：您实在是出众。

雅言：酒肠宽似海，诗胆大如天。

俗语：要写东西时才觉得自己肚子里没墨水。

雅言：书到用时方恨少，事非经过不知难。

俗语：文采非同一般，简直妙笔生花。

雅言：天机云锦用在我，翦裁妙处非刀尺。

俗语：有底气，就不在乎外界评价。

雅言：闭门不管庭前月，分付梅花自主张。

俗语：世上有才华的人太多了。

雅言：世间才杰固不乏，秋毫未合天地隔。

俗语：写文章就是要跌宕起伏。

雅言：文似看山不喜平，画如交友须求淡。

俗语：全天下都知道你的才华。

雅言：才名塞天地，身世老风尘。

俗语：文采非凡。

雅言：文采承殊渥，流传必绝伦。

俗语：看到你就自愧不如。

雅言：扫眉才子知多少，管领春风总不如。

俗语：才气四溢。

雅言：诗书塞座外，日昃不遑研。

俗语：有卓越的军事谋略和决策能力。

雅言：运筹如虎踞，决策似鹰扬。

俗语：指挥若定、决胜千里。

雅言：雄姿英发，羽扇纶巾，谈笑间，樯橹灰飞烟灭。

俗语：有非凡的军事才能。

雅言：功盖三分国，名成八阵图。

俗语：有卓越的政治才能和治理政事的能力。

雅言：治世之能臣，乱世之奸雄。

俗语：后方策划、指挥能决定千里之外战场上的胜负。

雅言：运筹帷幄之中，决胜千里之外。

俗语：他的治理能力高超。

雅言：所在而治，为世吏师。

俗语：才气纵横，无与伦比。

雅言：宣室求贤访逐臣，贾生才调更无伦。

美景·江山如画

俗语：闲暇时窗前的风景就很美。

雅言：枕上诗书闲处好，门前风景雨来佳。

俗语：江南风景独美。

雅言：江南好，风景旧曾谙。

俗语：杭州西湖是天下一绝。

雅言：大江之南风景殊，杭州西湖天下无。

俗语：风景美到像一幅画。

雅言：更远树斜阳，风景怎生图画？

俗语：秋天的树叶都黄了。

雅言：况属高风晚，山山黄叶飞。

俗语：梦到家乡的景色了。

雅言：梦到故园多少路，酒醒南望隔天涯。

俗语：梦到之前去过的地方了。

雅言：昨梦鹤山去，风景逐时新。

俗语：没人和我一起欣赏美景。

雅言：叙以泉石旧，怅然风景余。

俗语：有大片风景可以供人欣赏。

雅言：日薄风景旷，出归偃前檐。

俗语：看到他乡的风景感到很独特。

雅言：入眼异乡风景别，修眉一抹暮山遥。

俗语：这里以美景著称。

雅言：山川风景好，自古金陵道。

俗语：想家了。

雅言：故园篱下菊，今日几花开。

俗语：看到美景只觉得物是人非。

雅言：风景今朝是，身世昔人非。

俗语：西北风景独特。

雅言：塞下秋来风景异，衡阳雁去无留意。

俗语： 风景没变，但人已经不同了。

雅言： 山河风景元无异，城郭人民半已非。

俗语： 风景是给所有人欣赏的。

雅言： 可怜好风景，不解嫌贫家。

俗语： 待在山里让人感到春寒料峭。

雅言： 深山大泽龙蛇远，春寒野阴风景暮。

俗语： 鸟儿都被惊醒了。

雅言： 落叶聚还散，寒鸦栖复惊。

俗语： 月光如镜、云霞似海市蜃楼。

雅言： 月下飞天镜，云生结海楼。

俗语： 有山有水。

雅言： 青山横北郭，白水绕东城。

俗语： 万里无云。

雅言： 牛渚西江夜，青天无片云。

俗语：这里的山层峦叠嶂，高得只有鸟儿能够飞过。

雅言：西当太白有鸟道，可以横绝峨眉巅。

俗语：春天即将离去。

雅言：江水流春去欲尽，江潭落月复西斜。

俗语：这绝不是随随便便就能看到的景色。

雅言：天姥连天向天横，势拔五岳掩赤城。

俗语：你根本没法想象这里的风景有多震撼。

雅言：熊咆龙吟殷岩泉，慄深林兮惊层巅。

俗语：山太高了。

雅言：半壁见海日，空中闻天鸡。

俗语：要下雨了。

雅言：云青青兮欲雨，水澹澹兮生烟。

俗语：腊月的美景。

雅言：腊月闻山鸟，寒崖见蛰熊。

俗语：月光照耀花丛，美丽非凡。

雅言：江流宛转绕芳甸，月照花林皆似霰。

俗语：还是这里风景好。

雅言：踏遍青山人未老，风景这边独好。

俗语：这条路千回百转。

雅言：千岩万转路不定，迷花倚石忽已暝。

俗语：黄河朝着大海奔流不息。

雅言：白日依山尽，黄河入海流。

俗语：远远看到瀑布。

雅言：日照香炉生紫烟，遥看瀑布挂前川。

俗语：鸟儿在春天开始活跃起来。

雅言：两个黄鹂鸣翠柳，一行白鹭上青天。

俗语：春天的江水比天空还要碧蓝。

雅言：春水碧于天，画船听雨眠。

俗语：月光洒在树林里。

雅言：明月松间照，清泉石上流。

俗语：落日景象让人惊叹。

雅言：大漠孤烟直，长河落日圆。

俗语：荷叶和荷花开满了整个池塘。

雅言：接天莲叶无穷碧，映日荷花别样红。

俗语：瀑布直冲而下，十分壮观。

雅言：飞流直下三千尺，疑是银河落九天。

俗语：青山层层叠叠。

雅言：青山重叠叠，绿水响潺潺。

俗语：小路上开满鲜花。

雅言：黄四娘家花满蹊，千朵万朵压枝低。

俗语：夕阳的余晖染红水面。

雅言：一道残阳铺水中，半江瑟瑟半江红。

俗语：山清水秀，鸟语花香。

雅言：千里莺啼绿映红，水村山郭酒旗风。

俗语：春天开始回暖。

雅言：竹外桃花三两枝，春江水暖鸭先知。

俗语：傍晚的秋意沁人心脾。

雅言：空山新雨后，天气晚来秋。

俗语：柳树在春天冒出许多新芽。

雅言：碧玉妆成一树高，万条垂下绿丝绦。

俗语：春天的晚上下雨。

雅言：春潮带雨晚来急，野渡无人舟自横。

俗语：秋天下着冷雨。

雅言：寒雨连江夜入吴，平明送客楚山孤。

俗语：浪花拍打在岸上。

雅言：乱石穿空，惊涛拍岸，卷起千堆雪。

俗语：早春，山中花开。

雅言：乱点碎红山杏发，平铺新绿水蘋生。

俗语：江水奔涌、浩荡。

雅言：天门中断楚江开，碧水东流至此回。

俗语：初春，小鸟开始筑巢了。

雅言：几处早莺争暖树，谁家新燕啄春泥。

俗语：风景优美，树木繁茂。

雅言：晴川历历汉阳树，芳草萋萋鹦鹉洲。

俗语：春天来了，天气开始回暖。

雅言：风回云断雨初晴，返照湖边暖复明。

俗语：湖面水光粼粼。

雅言：水光潋滟晴方好，山色空濛雨亦奇。

俗语：夏天刚开始，荷花还没开。

雅言：小荷才露尖尖角，早有蜻蜓立上头。

俗语：秋天的夜晚开始降温了。

雅言：月落乌啼霜满天，江枫渔火对愁眠。

俗语：月光非常明亮。

雅言：庭下如积水空明，水中藻、荇交横。

俗语：这个地方基本上没人来过。

雅言：千山鸟飞绝，万径人踪灭。

俗语：水天一色，晚霞映水。

雅言：落霞与孤鹜齐飞，秋水共长天一色。

俗语：晚上看着月亮伴着潮水升起。

雅言：春江潮水连海平，海上明月共潮生。

俗语：夏天荷花开了。

雅言：竹喧归浣女，莲动下渔舟。

俗语：春天来了，河岸边一片绿色的景象。

雅言：春风又绿江南岸，明月何时照我还。

俗语：水里面有云的倒影。

雅言：半亩方塘一鉴开，天光云影共徘徊。

俗语：鱼儿在下雨时总是从水面冒出头来。

雅言：细雨鱼儿出，微风燕子斜。

俗语：傍晚时分，青山更绿了。

雅言：寒山转苍翠，秋水日潺湲。

俗语：清晨，看到初升的太阳。

雅言：清晨入古寺，初日照高林。

俗语：小花、小草越长越密。

雅言：乱花渐欲迷人眼，浅草才能没马蹄。

俗语：这个地方有山，还有很多树木。

雅言：绿树村边合，青山郭外斜。

俗语：山太高，以至于山顶上还有雪。

雅言：终南阴岭秀，积雪浮云端。

俗语：群鸟高飞，消失在天际。

雅言：众鸟高飞尽，孤云独去闲。

俗语：秋天的枫叶格外红。

雅言：停车坐爱枫林晚，霜叶红于二月花。

俗语：云雾缭绕，变幻莫测。

雅言：白云回望合，青霭入看无。

俗语：清明后去爬山。

雅言：南北山头多墓田，清明祭扫各纷然。

俗语：下着淅淅沥沥的小雨。

雅言：细雨湿衣看不见，闲花落地听无声。

俗语：山间的小溪无声流淌。

雅言：泉眼无声惜细流，树阴照水爱晴柔。

俗语：站得高，望得远。

雅言：会当凌绝顶，一览众山小。

俗语：远远地看见山的轮廓。

雅言：日暮苍山远，天寒白屋贫。

俗语：寒山寺的夜晚十分安静。

雅言：姑苏城外寒山寺，夜半钟声到客船。

俗语：梅子黄时细雨绵绵。

雅言：黄梅时节家家雨，青草池塘处处蛙。

俗语：晚上，天空中有许多星星。

雅言：天阶夜色凉如水，坐看牵牛织女星。

俗语：在田园里悠然自得。

雅言：采菊东篱下，悠然见南山。

俗语：青苔爬上石阶。

雅言：苔痕上阶绿，草色入帘青。

俗语：庭院里也有风景。

雅言：小庭亦有月，小院亦有花。

俗语：田间有鸟儿歌唱。

雅言：漠漠水田飞白鹭，阴阴夏木啭黄鹂。

俗语：山很高，以至于阻隔了光线。

雅言：分野中峰变，阴晴众壑殊。

俗语：岸边长堤被烟柳笼罩。

雅言：梨花院落溶溶月，柳絮池塘淡淡风。

俗语：秋风吹动屋檐上的茅草。

雅言：八月秋高风怒号，卷我屋上三重茅。

俗语：江岸芦花随风飘散似飞雪。

雅言：水上落红时片片。江头雪絮飞缭乱。

俗语：花开时节应该去看看风景。

雅言：花光满路，何限春游。

俗语：山中怪石嶙峋。

雅言：远上寒山石径斜，白云生处有人家。

俗语：燕子衔泥筑巢。

雅言：泥融飞燕子，沙暖睡鸳鸯。

俗语：云气弥漫在山头。

雅言：不知香积寺，数里入云峰。

俗语：夕阳西下。

雅言：荷笠带斜阳，青山独归远。

俗语：月亮倒映在洞庭湖水中。

雅言：遥望洞庭山水翠，白银盘里一青螺。

俗语：春山空寂。

雅言：人闲桂花落，夜静春山空。

俗语：春天来了，树叶长出新芽。

雅言：不知细叶谁裁出，二月春风似剪刀。

俗语：春意在花朵上显现。

雅言：绿杨烟外晓寒轻，红杏枝头春意闹。

俗语：日出景象美不胜收。

雅言：太阳初出光赫赫，千山万山如火发。

俗语：初春，柳树冒新芽。

雅言：诗家清景在新春，绿柳才黄半未匀。

俗语：一阵风吹过，水上起了涟漪。

雅言：风乍起，吹绉一池春水。

俗语：暮春三月的花开了。

雅言：三月残花落更开，小檐日日燕飞来。

俗语：田野里也有花开。

雅言：独出门前望野田，月明荞麦花如雪。

俗语：层峦叠嶂。

雅言：浮云不共此山齐，山霭苍苍望转迷。

俗语：秋夜，捣衣砧声穿透寒风。

雅言：玉户帘中卷不去，捣衣砧上拂还来。

俗语：春天，生机勃勃。

雅言：蒌蒿满地芦芽短，正是河豚欲上时。

俗语：春天来了，杨柳纷纷冒出新芽。

雅言：庭院深深深几许？杨柳堆烟，帘幕无重数。

俗语：柳树发新芽。

雅言：细雨斜风作晓寒，淡烟疏柳媚晴滩。

俗语：春天来了，万物复苏。

雅言：阳春布德泽，万物生光辉。

俗语：四季轮回皆有美。

雅言：四时更变化，岁暮一何速。

俗语：秋天的草地开始变得枯黄。

雅言：离离原上草，一岁一枯荣。

俗语：秋日丰收，满是喜悦。

雅言：稻花香里说丰年，听取蛙声一片。

俗语：晚霞再美也只是留不住的风景。

雅言：夕阳无限好，只是近黄昏。

俗语：山间隐居，恬淡美好。

雅言：问余何意栖碧山，笑而不答心自闲。

俗语：江净月明，孤轮高悬。

雅言：江天一色无纤尘，皎皎空中孤月轮。

俗语：大雁在空中飞过，鱼群在江水中跳跃。

雅言：鸿雁长飞光不度，鱼龙潜跃水成文。

俗语：云卷云舒，皆是风景。

雅言：行到水穷处，坐看云起时。

俗语：夕阳照亮游子归途。

雅言：西辉逐流水，荡漾游子情。

俗语：荷花出淤泥而不染。

雅言：出淤泥而不染，濯清涟而不妖。

俗语：萤火虫点亮浪漫夏夜。

雅言：银烛秋光冷画屏，轻罗小扇扑流萤。

俗语：天空中的白云缓缓移动。

雅言：白云一片去悠悠，青枫浦上不胜愁。